BEI GRIN MACHT SICH IHR WISSEN BEZAHLT

Bibliografische Information der Deutschen Nationalbibliothek:

Die Deutsche Bibliothek verzeichnet diese Publikation in der Deutschen National-
bibliografie; detaillierte bibliografische Daten sind im Internet über http://dnb.d-
nb.de/ abrufbar.

Impressum:

Copyright © 2015 GRIN Verlag, Open Publishing GmbH
Druck und Bindung: Books on Demand GmbH, Norderstedt Germany
ISBN: 9783668436169

Dieses Buch bei GRIN:

http://www.grin.com/de/e-book/358853/der-anerkennungsbegriff-in-isaiah-berlins-
freiheitskonzeption-eine-politikphilosophische

Lisa Schrader

Der Anerkennungsbegriff in Isaiah Berlins Freiheitskonzeption. Eine politikphilosophische Einordnung

GRIN Verlag

Technische Universität Dortmund

Institut für Philosophie und Politikwissenschaft

Seminar: Grundfragen der politischen Philosophie und Theorie

Referatsausarbeitung

Der Begriff der Anerkennung in Isaiah Berlins Freiheitskonzeption

Eingereicht von: Lisa Schrader

Master of Arts Philosophie und Politikwissenschaft

Wintersemester 2014/15

Dortmund, 31. März 2015

Inhaltsverzeichnis

I.   Einleitung

Viele Gesellschaften in der heutigen Zeit sind heterogene, mit verschiedenen ethnischen, religiösen oder kulturellen Gruppen, die in der Gemeinschaft meist in der Minderheit sind. Dabei beeinflusst das Zusammenleben in demokratischen Gesellschaften vor allem die Frage, ob diesen Minderheiten alle Rechte der Staatsbürger eingeräumt und darüber hinaus, welche besonderen Freiheiten ihnen zugestanden werden. Denn kulturelle oder religiöse Besonderheiten und Bräuche decken sich nicht zwangsläufig mit herrschenden Gesetzen und Normen. Mit ganz anderen Problemen haben Minderheiten in Ländern zu kämpfen, in denen die Regierung beispielsweise ihre ganze Kultur oder Religion unterdrückt und in denen sie nicht frei sind, ihr Leben so zu leben, wie sie möchten. Der Kampf, den diese Minderheiten führen, ist ein Kampf um Anerkennung.

In Isaiah Berlins Konzeption der zwei Freiheitsbegriffe wird dieser Kampf im Abschnitt „Die Suche nach Status"[1] diskutiert. Für Berlin ist es essentiell, die Begriffe Freiheit und Anerkennung klar zu trennen, auch wenn er zugesteht, dass sie in mancher Hinsicht verwandt sind. Inwieweit diese beiden Begriffe zu trennen sind oder ob sie nicht doch mehr gemein haben, als Berlin anerkennen möchte, soll Inhalt dieser Arbeit sein.

Im ersten Kapitel soll im Detail dargelegt werden, wie Berlin im Abschnitt „Die Suche nach Status" argumentiert, inwiefern er die Begriffe Freiheit und Anerkennung unterscheidet, und wo er Gemeinsamkeiten sieht. Die folgenden Kapitel sollen dann Teile von Berlins Argumentation hinterfragen und mit Auffassungen im philosophischen und politikwissenschaftlichen Diskurs vergleichen. Im zweiten Kapitel geht es zunächst grundlegend um die gesellschaftliche Bedeutung von Anerkennung. Kapitel drei widmet sich drei Aspekten oder Ebenen der Anerkennung, deren Unterscheidung wichtig ist, da mit ihrer Hilfe Ungenauigkeiten in Berlins Argumentation aufgedeckt werden können. Daran anschließend geht es im vierten Kapitel um die Frage, wie sich Anerkennung manifestiert, worin sie im gesellschaftlichen Zusammenleben zum Ausdruck kommt und ob die Beispiele aus Berlins Aufsatz mit den dargestellten Zusammenhängen übereinstimmen. Hier wird auch das Zusammenspiel von Anerkennung, Grundrechten und Freiheit erörtert. In Kapitel fünf wird diskutiert, ob Anerkennung etwas ausschließlich Positives ist oder ob sie auch zur Unterwerfung von Individuen oder Gruppen benutzt werden kann, bevor abschließend ein Fazit gezogen wird.

---

[1] Vgl. Berlin, Isaiah: Zwei Freiheitsbegriffe. In: Ders.: Freiheit, vier Versuche. Frankfurt 2006, S. 236 – 245 (im Folgenden zitiert als: Berlin: Freiheitsbegriffe).

II.   Anerkennung und Freiheit bei Berlin

Zu Beginn seiner Ausführungen über Anerkennung und die Unterschiede zu seiner Vorstellung von Freiheit stellt Berlin fest, dass Anerkennung durch andere Personen in einer Gemeinschaft großen Einfluss auf die Identität des Individuums hat. Denn für viele Merkmale und Eigenschaften des Menschen gelte, „daß zum Besitz dieser Eigenschaften auch gehört, daß ich von anderen Personen in meiner Gesellschaft als zu einer bestimmten Gruppe oder Klasse gehörig anerkannt werden muss und daß diese Anerkennung ein wichtiges Element der Bedeutung der meisten Ausdrücke ist, die meine persönlichsten und dauerhaftesten Merkmale bezeichnen"[2].

Die Bedeutung von Anerkennung ist laut Berlin so groß, dass sich aus ihrem Fehlen ein Gefühl der Unfreiheit für Individuen und für Gruppen gleichermaßen ergeben kann.[3] Gerade für religiöse, ethnische oder politische Gruppen sei Anerkennung „eine Quelle selbstständigen Handelns"[4] und die Verweigerung dieser verbunden mit Lenkung oder Erziehung durch die Mehrheit der Gesellschaft oder deren Vertreter wirke auf die Gruppe „als fehlte ihr zum Menschsein etwas und als wäre sie deshalb auch nicht ganz frei"[5]. Gerade aus diesem Grund zögen Menschen die Kombination Unterdrückung und Anerkennung der Kombination Toleranz und fehlende Anerkennung vor, folgert Berlin: „Dieser Wunsch kann so heftig werden, daß es mir in meinem erbitterten Streben nach Status lieber ist, wenn mich ein Angehöriger meiner Rasse oder meiner Klasse drangsaliert oder schlecht regiert, der mich als Mensch und Rivalen, d. h. als Gleichen, immerhin anerkennt, als wenn ich von dem Angehörigen einer höherstehenden oder entfernten Gruppe gut und tolerant behandelt werde, der mich aber in dem, was ich sein will, nicht anerkennt."[6]

Hier liegt für Berlin der entscheidende Punkt: Eine Person oder eine Gruppe kann anerkannt werden, ohne dass ihr die grundlegenden Freiheiten, die Berlin „negative" Freiheit[7] nennt, eingeräumt werden. Da der Status aber eine so große Bedeutung für das Individuum oder die Gruppe hat, erzeugt das Fehlen von ebenjenem ein Gefühl der Unfreiheit. Und nicht nur wird

---

[2] Vgl. Berlin: Freiheitsbegriffe, S. 236 f.
[3] Vgl. ebd., S. 237, 239.
[4] Vgl. ebd., S. 238.
[5] Vgl. ebd., S. 238.
[6] Vgl. ebd., S. 239.
[7] Berlin unterscheidet in seinem Konzept zwischen „negativer" und „positiver" Freiheit. „Negative" Freiheit stellt einen minimalen persönlichen Freiraum dar, in den niemand eingreifen darf, in dem sich das Individuum vollkommen frei entfalten kann. „Positive" Freiheit auf der anderen Seite gründet auf dem Wunsch des Menschen, sein eigener Herr zu sein und kann in gewisser Weise mit politischer Selbstbestimmung beschrieben werden. Zu genaueren Ausführungen siehe: Berlin: Freiheitsbegriffe, S. 201 ff.

das Fehlen von Anerkennung mit Unfreiheit gleichgesetzt, viele Gruppen und sogar ganze Völker setzen umgekehrt auch Anerkennung mit Freiheit gleich. Als Beispiel für dieses Phänomen nennt Berlin ehemalige Kolonien in Afrika und Asien, deren Bevölkerung nun nicht mehr unter der Kontrolle der Kolonialherren steht, sondern „von den Angehörigen ihrer eigenen Rasse oder Nation mißhandelt"[8] wird. Nur mit der Verwechselung von Anerkennung und Freiheit könne erklärt werden, warum Völker, „denen heute elementare Menschenrechte vorenthalten werden, (…) dennoch (und allem Anschein nach aufrichtig) erklären, sie genössen mehr Freiheit als zu einer Zeit, da sie über ein größeres Maß an jenen Rechten verfügten"[9].

Dass die Begriffe Freiheit und Anerkennung leicht verwechselt werden, liegt laut Berlin daran, dass Status und Anerkennung durchaus der Freiheit verwandt, wenn auch nicht mit ihr identisch sind. Denn auf der einen Seite gesteht Berlin zu, dass „das Streben nach Status (…) in mancher Hinsicht dem Wunsch, ein selbstständig Handelnder zu sein, tatsächlich eng verwandt"[10] ist. Auf der anderen Seite gibt es einen elementaren Gegensatz zwischen Freiheit und Anerkennung, denn Freiheit „sowohl in ihrem ‚positiven' als auch in ihrem ‚negativen' Sinn zielt im Kern auf das Fernhalten von etwas oder von jemandem", Anerkennung hingegen zielt „auf Einheit, auf ein besseres Verständnis, auf Integration von Interessen, auf ein Leben in gemeinsamer Abhängigkeit und Aufopferung".[11] Zusätzlich zu diesem Gegensatz von Fernhalten und Integrieren ist für Berlin bei der Unterscheidung der Begriffe eine weitere Erkenntnis entscheidend: „Jede noch so ausgefallene Interpretation des Wortes Freiheit muß ein Mindestmaß dessen, was ich ‚negative' Freiheit genannt habe, umfassen."[12] Da, wie bereits angesprochen, nach Berlin einem Individuum oder eine Gruppe durchaus Anerkennung zuteilwerden kann, ohne dass ihr grundlegende Freiheiten eingeräumt werden, kann Anerkennung für ihn niemals mit Freiheit gleichgesetzt werden.

III.   Zur gesellschaftlichen Bedeutung von Anerkennung

Die Auffassung Berlins, dass Anerkennung für das Individuum eine große Bedeutung hat, wird in der Wissenschaft breit geteilt. Matthias Iser fasst zusammen, wovon die meisten Anerkennungstheorien grundlegend ausgehen: „Nur mittels der Reaktionen konkreter anderer und durch die Verinnerlichung gesellschaftlicher Werte und Normen sollen Subjekte eine

---

[8] Vgl. Berlin: Freiheitsbegriffe, S. 239.
[9] Vgl. ebd., S. 240.
[10] Vgl. ebd. S. 241.
[11] Vgl. ebd., S. 240.
[12] Vgl. ebd., S. 243.

Vorstellung davon gewinnen können, wer sie eigentlich sind und sein wollen."[13] Das Verlangen nach Anerkennung ist demnach „ein menschliches Grundbedürfnis"[14]. Darüber hinaus stellt zum Beispiel Axel Honneth in seinem Aufsatz „Verwilderungen. Kampf um Anerkennung im frühen 21. Jahrhundert"[15] fest, dass nicht nur die Anerkennung anderer für das Individuum von Bedeutung ist, sondern es sich vielmehr um eine wechselseitige Beziehung handelt: „[D]ie Anerkennung des Gegenübers wird zur Bedingung des eigenen Anerkannt-Seins."[16] Honneth geht davon aus, dass „nicht nur die individuellen Mitglieder, sondern auch die wesentlichen Institutionen von Gesellschaften auf Praktiken und Ordnungen intersubjektiver Anerkennung angewiesen sind"[17]. Anerkennung sei daher ein wichtiger Grundpfeiler der „Architektur moderner Gesellschaften"[18].

Dass Anerkennung erst heute, in modernen Gesellschaften, so eine zentrale Rolle spielt, hat zwei wesentliche Gründe. Zum einen hatte Anerkennung in den Gesellschaften früherer Zeiten keine Bedeutung, da „das, was wir heute Identität nennen, weitgehend durch die gesellschaftliche Stellung des Einzelnen festgelegt"[19] war. Heute hat der angeborene Stand keinen Wert mehr für die Identität, vielmehr bestimmen wir diese „stets im Dialog und manchmal sogar im Kampf mit dem, was unsere ‚signifikanten Anderen' in uns sehen wollen"[20]. Zum anderen ist auch die Idee „von der unveräußerlichen ‚Würde des Menschen' oder von der Würde des Staatsbürgers"[21] ein relativ neues Phänomen. Auf dieser Idee basiert die moderne Auffassung, alle Menschen müssen einfach nur aufgrund ihres Menschseins als Gleichberechtigte anerkannt werden und daher müssen ihnen auch die gleichen Rechte zukommen, unabhängig zum Beispiel von ihrer Herkunft, ihrer Religion, ihrem Geschlecht oder ihrer sexuellen Orientierung.

Das Fehlen von Anerkennung, das laut Berlin zu einem Gefühl von Unfreiheit führt, ist aus mehreren Gründen fatal für ein Individuum oder eine Gruppe. Zum einen führt ein Leben oh-

---

[13] Vgl. Iser, Matthias: Anerkennung. In: Göhler, Gerhard/Iser, Matthias/Kerner, Ina (Hrsg.): Politische Theorie. 25 umkämpfte Begriffe zur Einführung. Wiesbaden 2011, S. 12 (im Folgenden zitiert als: Iser: Anerkennung).
[14] Vgl. Taylor, Charles: Die Politik der Anerkennung. In: Ders.: Multikulturalismus und die Politik der Anerkennung. Frankfurt, 2009, S. 14 (im Folgenden zitiert als: Taylor: Politik).
[15] Vgl. Honneth: Axel: Verwilderungen. Kampf um Anerkennung im frühen 21. Jahrhundert. In: Aus Politik und Zeitgeschichte, Ausgabe 1-2, Bonn, 2011, S. 37 – 45 (im Folgenden zitiert als: Honneth: Verwilderungen).
[16] Vgl. ebd., S. 38.
[17] Vgl. ebd., S. 37.
[18] Vgl. ebd., S. 37.
[19] Vgl. Taylor: Politik, S. 19.
[20] Vgl. ebd. S. 20.
[21] Vgl. ebd. S. 15.

ne Anerkennung zu „sozialer Unsichtbarkeit"[22], dem oder den Betroffenen wird praktisch die Möglichkeit genommen, am gesellschaftlichen Leben teilzunehmen. Zum anderen haben extreme Formen von Missachtung und Demütigung zur Folge, dass „bestimmte Menschen(gruppen) (…) wie Tiere oder Maschinen behandelt werden"[23], ihnen also die Würde des Menschen abgesprochen wird. Diese zweite Folge beschreibt auch Berlin in seinem Text, wenn er sagt, dass ein Mensch oder eine Gruppe Anerkennung verlangt, weil sie nicht „und sei es mit noch so leichter Hand, regiert, erzogen, gelenkt werden will, so, als fehlte ihr zum Menschsein etwas"[24].

IV.   Drei Ebenen der Anerkennung

Die gesellschaftliche Bedeutung von Anerkennung ist unstrittig. Dennoch entstehen in der Diskussion immer wieder Unklarheiten über die Verwendung des Anerkennungsbegriffs. Laut Iser treten diese Unklarheiten auf, da Anerkennung drei Aspekte, beziehungsweise drei Ebenen hat, und zuweilen nicht deutlich wird, auf welche Ebene der Anerkennung in der Diskussion Bezug genommen wird. Nach Isers Aufteilung ist die erste Ebene die zentrale, die „eines *normativen Status*, der es uns ermöglicht, gegenüber anderen bestimmte Ansprüche zu erheben"[25]. Anschließend daran ist die zweite Ebene die Ebene „*materialer Hinsichten* des moralischen Schutzes", hierzu gehören „alle Bedingungen, die uns zur Autonomie befähigen, und zwar zur autonomen Urteilsbildung ebenso wie zum autonomen Handeln".[26] Die dritte und letzte Ebene ist nach Iser die „Ebene der *psychischen Rückkopplung*"[27]. Erfährt ein Mensch Missachtung, wird sein normativer Status auf der ersten Ebene verletzt, unabhängig von den tatsächlichen Auswirkungen. Beeinflusst diese Missachtung allerdings das Selbstverhältnis des Menschen und beeinträchtigt dadurch die psychischen Bedingungen seiner Autonomie, ist das der dritten Ebene zuzuordnen. Wie eng die drei Ebenen miteinander verbunden sind, zeigt sich zum Beispiel darin, dass die psychischen Bedingungen der dritten Ebene „auf der Ebene (2) eine wichtige, aber eben nur *eine* materiale Hinsicht moralischen Schutzes"[28] bilden.

Ohne die Aufteilung an dieser Stelle weiter zu diskutieren, soll in den folgenden Kapiteln immer wieder die Zuordnung von verschiedenen Argumenten zu den drei Ebenen der Aner-

[22] Vgl. Herrmann, Steffen: Anerkennung und Abhängigkeit. In: Deutsche Zeitschrift für Philosophie, Band 62, Heft 2. Berlin 2014, S. 289 (im Folgenden zitiert als: Herrmann: Abhängigkeit).
[23] Vgl. Iser: Anerkennung, S. 14.
[24] Vgl. Berlin: Freiheitsbegriffe, S. 238.
[25] Vgl. Iser: Anerkennung, S. 24.
[26] Vgl. ebd., S. 24.
[27] Vgl. ebd., S. 24.
[28] Vgl. Iser: Anerkennung, S. 24.

kennung deutlich gemacht werden. Denn wie Iser am Beispiel der Diskussion zwischen Axel Honneth und Nancy Fraser deutlich macht, treten Lücken in der Argumentation auf, sobald eine Ebene nicht in Betracht gezogen wird.[29]

V.   Anerkennung, Grundrechte und Freiheit

Die zentrale Frage, die Berlin in seinen Ausführungen zur Anerkennung unbeantwortet lässt, ist folgende: Worin manifestiert sich Anerkennung? Als bloße verbale oder schriftliche Bestätigung für das betreffende Individuum oder die Gruppe bewirkt Anerkennung im gesellschaftlichen Leben noch nichts. Iser schreibt dazu: „Wer *an*erkannt wird, wird nicht nur in Bezug auf bestimmte Eigenschaften *er*kannt (z.B. als Muslimin), sondern in diesen auch positiv bestätigt. Und mit dieser positiven Bestätigung geht das Bewusstsein einher, gegenüber der anerkannten Person zu einer bestimmten Haltung und folglich zu bestimmten Handlungen verpflichtet zu sein: ihr *normativer Status* wird anerkannt, z.B. als gleichberechtigtes Subjekt."[30] Das Entscheidende ist hier, dass die Anerkennung zu Handlungen verpflichtet, durch die die Anerkennung deutlich zum Ausdruck kommt.

In seinem Aufsatz identifiziert Honneth im Anschluss an Hegels „Rechtsphilosophie" drei Sphären der Anerkennung, die die in Kapitel III angesprochene „Architektur moderner Gesellschaften"[31] ausmachen: die Familie, das Recht und die Wirtschaft. In der Sphäre der Familie erfährt das Individuum Anerkennung in Form von Fürsorge, Zuneigung und emotionaler Bindung, in der Sphäre der Wirtschaft bekommt es Geld und die Möglichkeit zum beruflichen Aufstieg als Anerkennung für seine Leistungen und in der Sphäre des Rechts erhält das Individuum Grundrechte als Anerkennung dafür, dass es sich in der Gesellschaft als vernünftiges Wesen verhält und die Grundrechte der anderen Mitglieder der Gemeinschaft achtet.[32] Diese drei Sphären haben eins gemein: Die Anerkennung des Individuums durch andere Mitglieder oder auch durch Institutionen der Gesellschaft manifestiert sich durch konkrete Handlungen, durch materiale Hinsichten des moralischen Schutzes[33].

Vor diesem Hintergrund ist Berlins Feststellung, Minderheiten würden in der Regel „weder einfach Handlungsfreiheit für ihre Angehörigen noch in erster Linie gesellschaftliche oder ökonomische Chancengleichheit und erst recht nicht die Zuweisung eines Platzes in einem

---

[29] Vgl. ebd., S. 25.
[30] Vgl. ebd., S. 12.
[31] Vgl. Honneth: Verwilderungen, S. 37.
[32] Vgl. ebd., S. 39 ff.
[33] Vgl. Kapitel IV.

reibungslos funktionierenden, organischen Staatsgebilde" verlangen, sondern „einfach nur Anerkennung (ihrer Klasse, ihrer Nation, ihrer Hautfarbe oder ihrer Rasse)"[34] zu hinterfragen. Worin manifestiert sich denn die Anerkennung, wenn nicht in dem Zugeständnis bestimmter Rechte oder dem Bejahen bestimmter Ansprüche für die unterdrückte Gruppe? Diese Rechte und Ansprüche ergeben sich direkt aus dem normativen Status, den Minderheiten durch Anerkennung erlangen.

Das große Problem in Berlins Argumentation ist, dass er die materialen Hinsichten der Anerkennung nicht berücksichtigt. Im Zuge seines bereits in Kapitel II angesprochenen Beispiels der ehemaligen Kolonien, schreibt er: „Auch wenn mir die Angehörigen meiner Gesellschaft ‚negative‘ Freiheit vielleicht nicht einräumen, sind sie doch Angehörige meiner Gruppe; sie verstehen mich so, wie ich sie verstehe; und dieses Verständnis erzeugt in mir das Bewußtsein, in der Welt jemand zu sein."[35] Manifestiert sich Anerkennung hier also durch das Verständnis für kulturelle und religiöse Traditionen, welches den Kolonialherren fehlte? Wenn dem so ist, dann muss mit dem Verständnis aber auch das Recht (oder die Freiheit) einhergehen, die Kultur und die Religion ausleben zu dürfen, sonst bliebe mit Sicherheit das positive Gefühl „in der Welt jemand zu sein" nicht zurück. Die Anerkennung verpflichtet zur Handlung. Dass in diesem Beispiel den Menschen grundlegende Freiheitsrechte, Berlins „negative" Freiheit, nicht eingeräumt werden, liegt daran, dass dafür eine andere Form von Anerkennung vorliegen müsste. Die Anerkennung der Kultur und Religion deckt nicht den grundlegenden Freiraum des Individuums ab.

Allerdings gibt es eine Form von Anerkennung, die die grundlegenden Freiheitsrechte abdeckt – die Anerkennung der Menschenwürde: „Nachdem sich in der Moderne die Vorstellung allgemeiner Menschenrechte durchgesetzt hat, wird als die zentrale Form der Anerkennung gemeinhin jene angesehen, die allen eine gleiche Würde als Mensch zuspricht."[36] Auch wenn Berlin nicht abschließend darstellt, welche Rechte zu seiner „negativen" Freiheit gehören, sondern nur festhält, dass sich Inhalt und Umfang nach den gesellschaftlichen Bedingungen und dem historischen Kontext richten[37], kann doch angenommen werden, dass die Menschenrechte, wie sie heute definiert werden, das Mindestmaß an Freiheitsrechten darstellt, welches Berlin sich unter der „negativen" Freiheit vorstellt.

---

[34] Vgl. Berlin: Freiheitsbegriffe, S. 238.
[35] Vgl. ebd. S. 239.
[36] Vgl. Iser: Anerkennung, S. 14.
[37] Vgl. Berlin: Freiheitsbegriffe, S. 247 ff.

Auf eben diesen Zusammenhang zwischen Anerkennung, Grundrechten und Freiheit kann geschlossen werden, wenn man sich noch einmal mit der Anerkennungssphäre des Rechts bei Axel Honneth beschäftigt. Honneth beruft sich dabei auf Hegels „Rechtsphilosophie", in der Rechtsgemeinschaft „wird der Mensch als vernünftiges Wesen, als frei, als Person anerkannt und behandelt"[38]. An dieser Stelle ist Freiheit eine Folge der Anerkennung des Individuums als Mitglied der Rechtsgemeinschaft, das Prinzip ist die „wechselseitig eingeräumte[...] Ermächtigung zur individuellen Freiheit"[39]. Keinesfalls ist Anerkennung also bloß symbolischer Akt, sie bedeutet die Möglichkeit zur Partizipation in den drei genannten Sphären und damit ist die individuelle Freiheit gesichert. Was Honneth unter individueller Freiheit versteht, führt er nicht weiter aus, dennoch kann angenommen werden, dass ein gewisser Kernbereich von Freiheitsrechten für jedes Mitglied der Rechtsgemeinschaft gleich gilt. Dem Individuum erwächst ein positives Selbstverhältnis, ihm wird klar, dass es „das eigene Handeln als Ausdruck individueller Autonomie"[40] verstehen kann. Der Kernbereich von Freiheitsrechten, der einem Mitglied der Rechtsgemeinschaft durch Anerkennung seiner Person zuteil wird, kann ebenfalls als Variante von Berlins „negativer" Freiheit verstanden werden. Anerkennung durch Rechte für das Individuum umzusetzen, ist zum einen notwendig, da Anerkennung als politisches Zugeständnis in einem Rechtsstaat anders gar nicht zu manifestieren ist: „Politische Entscheidungen bedienen sich der Regelungsform des positiven Rechts, um in komplexen Gesellschaften überhaupt wirksam zu werden."[41] Zum anderen „institutionalisieren erst gleiche positive Rechte in einer für das einzelne Subjekt anschaulichen Weise die Anerkennung als Gleichberechtigte und erleichtern den Einzelnen damit die Achtung ihrer selbst"[42].

Wenn sich also für jeden Menschen ein Kernbereich individueller Freiheitsrechte, der mit Berlins „negativer" Freiheit verglichen werden kann, allein aus der Tatsache ergibt, dass seine Würde als Mensch und seine Mitgliedschaft in der Rechtsgemeinschaft anerkannt werden, dann zielen Anerkennung und Freiheit auf das Gleiche. Vor diesem Hintergrund lässt sich auch Berlins Argument, sowohl „negative" als auch „positive" Freiheit ziele auf das Fernhalten von etwas oder von jemandem, während Anerkennung auf Einheit und Integration aus sei[43], nicht halten. Denn obwohl natürlich die Anerkennung von Kultur und Religion für viele

---

[38] Vgl. Hegel, Georg Wilhelm Friedrich: Enzyklopädie der philosophischen Wissenschaften im Grundrisse, Werke 10, Frankfurt, 1970, S. 221 f., zitiert nach: Honneth: Verwilderungen, S. 39.
[39] Vgl. Honneth: Verwilderungen, S. 45.
[40] Vgl. ebd., S. 39.
[41] Vgl. Habermas, Jürgen: Die Einbeziehung des Anderen. Studien zur politischen Theorie. Frankfurt, 1999, S. 250 (im Folgenden zitiert als: Habermas: Einbeziehung).
[42] Vgl. Iser: Anerkennung, S. 15.
[43] Vgl. Kapitel II.

Menschen und Gruppen eine wichtige Rolle spielen, ist doch die zentrale Form der Anerkennung die Anerkennung der Menschenwürde.

VI. Unterwerfung durch Konformismus?[44]

Auch wenn für Berlin Anerkennung und Freiheit nicht das Gleiche sind, ist er doch weit davon entfernt, Anerkennung mit Begriffen wie Unfreiheit oder Unterwerfung zu verknüpfen. Doch obwohl Anerkennung auch im gesamten wissenschaftlichen Diskurs in der Regel positiv besetzt ist und sie als „Medium menschlicher Freiheit" begriffen wird, gehen neuere Ansätze der Frage nach, ob „Anerkennungsbeziehungen gelegentlich in die Aufrechterhaltung gesellschaftlicher Herrschaftsverhältnisse (…) verstrickt sein könnten".[45] So wird diskutiert, wie moralischer Fortschritt möglich sein soll, wenn doch die Anerkennung, die Menschen verlangen, nur auf das zielt, was gesellschaftlich bedingt und bereits gegeben ist: „Anerkennungskämpfe scheinen uns aus dieser Perspektive nur immer tiefer in falsche Abhängigkeiten, in Machtverhältnisse zu verstricken, die wir nicht durchschauen."[46] Kristina Lepold argumentiert im Anschluss an Foucault sogar, dass Anerkennung immer ein Moment der Unterwerfung enthält: „Insofern die Anerkennung als frei oder interpretationsbegabt nämlich stets schon auf ein bestimmtes Wissen und auf bestimmte Normen bezogen ist, knüpft sie unsere Freiheit an soziale Bedingungen, die wir uns nicht ausgesucht haben (…). Auf diese Weise trägt die Anerkennung ein Moment nicht zu überwindender Fremdheit in unsere Freiheit ein."[47]

Einen anderen Ansatz verfolgt Steffen Herrmann, der Hegels Theorie des Herr-Knecht-Verhältnisses neu interpretiert. Nach seiner Lesart suchen Individuen beim Zusammentreffen mit anderen Menschen nicht zwangsläufig den Konflikt, um zu bestimmen, wer Herr und wer Knecht ist, sondern wählen die Selbstunterwerfung. Der Grund hierfür ist die Angst vor der bereits in Kapitel III angesprochenen „sozialen Unsichtbarkeit": „Bevor [der Mensch] überhaupt keine Selbstgewissheit zu erreichen vermag, nimmt er lieber eine Form der missachtenden Anerkennung in Kauf, durch die er zumindest irgendeine Form der Selbstgewissheit er-

---

[44] Die in diesem Kapitel skizzierte Diskussion zum Zusammenhang von Anerkennung und Unterwerfung hat nicht direkt etwas mit Berlins Argumentation zu tun, eröffnet aber eine interessante Perspektive auf den Begriff, stellt auch dessen bislang grundsätzlich positive Besetzung infrage und wurde aus diesem Grund in die Arbeit integriert.
[45] Vgl. Lepold, Kristina: Die Bedingungen der Anerkennung. In: Deutsche Zeitschrift für Philosophie, Band 62, Heft 2. Berlin 2014, S. 298 (im Folgenden zitiert als: Lepold: Bedingungen).
[46] Vgl. Iser: Anerkennung, S. 20.
[47] Vgl. Lepold: Bedingungen, S. 308 f.

reichen kann."[48] Dies könnte ein anderer Erklärungsansatz für Berlins Beispiel der ehemaligen Kolonien sein. Berlin argumentiert, dass sich Völker in Afrika und Asien, die von Angehörigen ihrer eigenen Rasse oder Nation misshandelt werden, freier fühlen als noch unter der Herrschaft der Kolonialherren, da sie Anerkennung und Freiheit verwechselten.[49] Es könnte aber nach Herrmanns Ansatz ebenso argumentiert werden, dass diese Völker aus der Erfahrung der Kolonialzeit heraus die Unterwerfung dem Konflikt vorziehen, um sich dadurch wenigstens einem Mindestmaß an Anerkennung sicher sein zu können.

Unabhängig von den beschriebenen neuen Ansätzen hat die Wissenschaft Antriebe identifiziert, die durchaus darauf zielen, sich nicht nur der geltenden Anerkennungsordnung anzupassen, sondern diese zu überwinden. Iser verweist zum einen auf emotionale Antriebe, zum anderen auf kognitive Dissonanzen. Emotionale Antriebe sind „unterdrückte, aber unbewusst weiterwirkende Triebe und Erfahrungen" vor deren Hintergrund sich „die soziale Wirklichkeit als defizitär darstellt".[50] Kognitive Dissonanzen hingegen sind Gründe, auf denen Anerkennungsordnungen basieren, die durch neue Erfahrungen oder bislang noch nicht gezogene Schlussfolgerungen ihre Gültigkeit verlieren: „Moralischer Fortschritt vollzieht sich demnach durch das mühsame Aussortieren unplausibel gewordener Gründe."[51] Ein Beispiel für Kämpfe um Anerkennung, die die gegebenen Verhältnisse in Frage stellen, führt Jürgen Habermas an. Er schreibt, dass der Feminismus, sobald er erfolgreich ist, „mit der kollektiven Identität der Frauen auch das Verhältnis zwischen den Geschlechtern [verändert]", und damit „[d]as Werteregister der Gesellschaft als ganzes" zur Diskussion steht.[52] Der Widerstand gegen bestehende Anerkennungsordnungen bedarf allerdings besonderer psychischer Kraft, da – noch mehr als bei dem Kampf um Anerkennung nach gegebenen Verhältnissen – „zumindest vorläufige[…] Missachtung oder Indifferenz der anderen"[53] zu erwarten ist.

---

[48] Vgl. Herrmann: Abhängigkeit, S. 289.
[49] Vgl. Kapitel II.
[50] Vgl. Iser: Anerkennung, S. 20 f.
[51] Vgl. ebd., S. 21.
[52] Vgl. Habermas: Einbeziehung, S. 247.
[53] Vgl. Iser: Anerkennung, S. 21.

VII. Fazit

Der Grundannahme in Berlins Argumentation über Anerkennung und Freiheit, die Begriffe würden auf unterschiedliche Dinge abzielen und Anerkennung könne nicht mit Freiheit gleichgesetzt werden, kann nach dem hier erarbeiteten nicht vollends zugestimmt werden. In Berlins Aufsatz fehlt sowohl eine ausreichende Definition von Anerkennung als auch die Betrachtung der unterschiedlichen Ebenen des Begriffs. Dadurch wirken die Beispiele, die er nennt, auf den ersten Blick zwar schlüssig, auf den zweiten sind sie aber nicht bis ins Detail durchdacht.

Die gesellschaftliche Bedeutung von Anerkennung ordnet Berlin richtig ein, indem er feststellt, dass zum Besitz vieler persönlicher Merkmale gehört, dass sie durch andere anerkannt werden und sich somit die Identität des Menschen erst durch die Anerkennung anderer konstituiert. Dass Anerkennung im Folgenden auch eine Bedeutung für gesellschaftliche Institutionen und damit für das Zusammenleben als Ganzes hat, wird von Berlin nicht angesprochen. In dieser Arbeit wurde dem aber in Kapitel III nachgegangen.

Was Berlin zu keiner Zeit überzeugend erklärt, ist, inwiefern seiner Meinung nach Anerkennung greifbar zum Ausdruck kommt, was also in seiner Sichtweise die materialen Hinsichten des moralischen Schutzes sind. Er macht lediglich deutlich, dass Minderheiten in vielen Fällen nicht nach bestimmten Rechten verlangen, sondern nur nach Anerkennung, dass Rechte also nicht zwangsläufig etwas mit Anerkennung zu tun haben. Dies ist aber, wie vor allem in Kapitel V gezeigt, falsch. Anerkennung muss sich auch in materialer Hinsicht manifestieren, aus Anerkennung als normativem Status ergeben sich zwangsläufig Ansprüche, die die Politik in Form von Rechten umsetzt.

Weiterhin argumentiert Berlin, Anerkennung könne nicht mit Freiheit gleichgesetzt werden, da jede Interpretation von Freiheit ein Mindestmaß der von ihm postulierten „negativen" Freiheit enthalten müsse. Dies greift allerdings zu kurz, da Berlin nicht diskutiert, dass es nicht nur die eine Anerkennung gibt, sondern dass immer auch entscheidend ist, welche Eigenschaft oder welches Merkmal des Menschen oder der Gruppe anerkannt werden soll. So enthält die Anerkennung der Religion sicher nicht die von Berlin geforderten minimalen Freiheitsrechte, die *zentrale Form* der Anerkennung tut dies aber in jedem Fall. Wie in Kapitel V beschrieben, ist die zentrale Form der Anerkennung die Anerkennung der Menschenwürde. Die sich daraus ergeben materialen Hinsichten des moralischen Schutzes der Menschenwürde, die Menschenrechte, können durchaus mit Berlins „negativer" Freiheit gleichgesetzt werden.

Dass nicht jede Form von Anerkennung mit Freiheit gleichgesetzt werden kann, ist sicherlich richtig. Dadurch, dass Berlin es aber versäumt, zwischen verschiedenen Formen der Anerkennung zu unterscheiden und zu definieren, wie sich Anerkennung in materialer Hinsicht manifestiert, bleibt seine Argumentation zu sehr an der Oberfläche und insgesamt unschlüssig. Der Zusammenhang, der zwischen Anerkennung und Freiheit tatsächlich besteht, wird zu leichtfertig zurückgewiesen.

Literaturverzeichnis

Berlin, Isaiah: Zwei Freiheitsbegriffe. In: Ders.: Freiheit, vier Versuche. Frankfurt 2006, S. 236 – 245.

Habermas, Jürgen: Die Einbeziehung des Anderen. Studien zur politischen Theorie. Frankfurt, 1999.

Herrmann, Steffen: Anerkennung und Abhängigkeit. In: Deutsche Zeitschrift für Philosophie, Band 62, Heft 2. Berlin 2014, S. 279 – 296.

Honneth: Axel: Verwilderungen. Kampf um Anerkennung im frühen 21. Jahrhundert. In: Aus Politik und Zeitgeschichte, Ausgabe 1-2, Bonn, 2011, S. 37 – 45.

Iser, Matthias: Anerkennung. In: Göhler, Gerhard/Iser, Matthias/Kerner, Ina (Hrsg.): Politische Theorie. 25 umkämpfte Begriffe zur Einführung. Wiesbaden 2011, S. 12 – 28.

Lepold, Kristina: Die Bedingungen der Anerkennung. In: Deutsche Zeitschrift für Philosophie, Band 62, Heft 2. Berlin 2014, S. 297 – 317.

Taylor, Charles: Die Politik der Anerkennung. In: Ders.: Multikulturalismus und die Politik der Anerkennung. Frankfurt, 2009, S. 13 – 66.

BEI GRIN MACHT SICH IHR WISSEN BEZAHLT

- Wir veröffentlichen Ihre Hausarbeit,
  Bachelor- und Masterarbeit

- Ihr eigenes eBook und Buch -
  weltweit in allen wichtigen Shops

- Verdienen Sie an jedem Verkauf

Jetzt bei www.GRIN.com hochladen
und kostenlos publizieren